Bailleux de Marisy

La Bourse, la Spéculation et l'Industrie

essai

ISBN : 978-1540383464

10 9 8 7 6 5 4 3 2 1

Bailleux de Marisy

La Bourse, la Spéculation et l'Industrie

essai

Table de Matières

Introduction

La spéculation, de nos jours, a fourni si amplement matière à des écrits de tous genres, qu'on jouerait à cette heure un rôle au moins inutile en venant se mêler à cette croisade universelle contre ce qu'on appelle la folie présente, si même cette croisade se trouvait complètement justifiée ; mais n'y a-t-il pas eu exagération dans l'attaque, et n'est-il pas opportun de rechercher si le mal est aussi étendu qu'on le dit, aussi dangereux qu'on le suppose ? Peut-être trouvera-t-on que le moment est arrivé, non d'élever la voix en faveur de la spéculation, mais de rechercher d'où elle vient et où elle va, d'opposer, si faire se peut, une appréciation mesurée aux clameurs universelles qui la poursuivent. Théâtre, roman, prose, vers, tout depuis quelques années s'attaque à l'amour de l'or avec l'ardeur et l'unanimité de zèle que l'on avait précédemment apportées à préconiser le réveil de l'industrie, la conquête de la terre par le travail de l'homme, le règne des jouissances matérielles permises et accessibles à tous. À coup sûr, si nos mœurs prêtent à pleurer ou à rire, le drame et la satire font bien de s'en emparer : les vices particuliers et publics leur appartiennent, qu'ils les flagellent, soit ; mais on ne s'en est pas tenu là, et, dans des ouvrages purement didactiques, des écrivains plus autorisés, ou croyant l'être, ont pris à partie la tendance qui nous entraîne, qui caractérise notre époque, mais qui assurément vient de plus loin, et ils ont les uns et les autres conclu par la même redoutable prophétie, à savoir que notre société courait aux abîmes. Les deux plus menaçants réquisitoires prononcés en ce sens sont, sans aucun doute, le *Manuel du Spéculateur à la Bourse*, de M. Proudhon, et le livre de M. Oscar de Vallée qui a pour titre *les Manieurs d'argent*. Partis des points les plus opposés, — M. Proudhon des sommets de l'extrême gauche dans les assemblées issues de 1848, M. de Vallée d'une haute position dans la magistrature impériale, — tous deux reconnaissent le même mal, et concluent aux mêmes catastrophes, l'un en lançant sur la moderne Babylone les imprécations d'Isaïe, l'autre en aspirant à reproduire les éloquentes, mais inefficaces admonitions de Daguesseau. Notre temps est caractérisé par eux d'une manière presque identique : c'est, pour le premier, le *règne louis XV des bourgeois* ; pour le second, c'est pis encore, et le choix du

Bailleux de Marisy

modèle qu'il s'efforce d'imiter nous ramène aux jours désastreux de la régence, qui a précédé et inauguré ce règne de funeste mémoire. Aussi, lorsque M. Proudhon ne trouve pour les *spéculateurs* d'autre motif d'espérer un court répit, avant cette *liquidation* dont il les menace, que dans *l'incapacité des classes moyennes* et *l'innocence du peuple*, comme lorsque M. de Vallée adresse au prince la demande d'un dernier secours, on ne peut s'empêcher de chercher au fond de ces tableaux l'ombre de la révolution, et on croit voir se dresser déjà ce fantôme du poète :

Sombre quatre-vingt-treize, épouvantable année,

que le premier semble appeler de ses vœux, et dont le second voudrait nous garantir.

Et cependant, si nous méritons de subir les mêmes châtiments que nos pères, sommes-nous aussi coupables ? A écouter attentivement ces deux accusateurs publics, l'ennemi déclaré qui veut détruire la société présente pour la refaire, comme le magistrat intègre qui aspirerait à la réformer, il semble que le mal n'ait point une intensité bien grande, et ils se chargent de réfuter eux-mêmes une partie de leurs reproches. M. Proudhon part de ce principe, que la spéculation est une chose bonne en soi, utile pour tous et *productive*, ce qui n'est pas à ses yeux un mérite médiocre. « La spéculation, dit-il, n'est pas autre chose que la conception intellectuelle des différents procédés par lesquels le travail, le crédit, le transport, l'échange, peuvent intervenir dans la production. C'est elle qui recherche et découvre pour ainsi dire les gisements de la richesse, qui invente les moyens les plus économiques de se la procurer, qui la multiplie, soit par des façons nouvelles, soit par des combinaisons de crédit, de transport, de circulation, d'échange, soit par la création de nouveaux besoins, soit même par la dissémination et le déplacement incessant des fortunes. » La spéculation en un mot, *c'est le génie de la découverte*, et pour achever de démontrer qu'il ne se méprend pas sur sa nature, l'auteur du *Manuel du Spéculateur* ajoute : « La spéculation est donc essentiellement *aléatoire* comme toutes choses qui, n'ayant d'existence que dans l'entendement, attendent la sanction de l'expérience. »

Voilà certes un glorieux début, et la spéculation élevée à une hauteur où peut-être elle était loin d'aspirer ; mais quelle chute après ce triomphe, quels revers après cette fortune ! Suivez-la, cette *faculté essentielle de l'économie*, cette *souveraine qui est la tête*, lorsque le travail, le capital, le commerce sont réduits à n'être que les *membres*, à lui obéir en esclaves, suivez-la dans toutes ses entreprises, dans toutes les applications qu'elle a tentées parmi nous, et voyez ce que sont devenus en France les spéculateurs, ces héritiers directs d'Alexandre et de César, grands spéculateurs, comme le dit M. Proudhon. Chez nous, pas une entreprise que n'entachent la fraude et le dol, pas une affaire qui ne soit un piège : création d'usines, ouverture de mines, construction de chemins de fer, constitution de sociétés d'assurances. Dans toutes ces valeurs, analysées successivement par M. Proudhon et cotées à la Bourse, pas une où ce ne soit le cas de répéter la formule célèbre appliquée à la propriété, et de dire avec plus de justice encore : La spéculation, c'est le vol !

Cette conclusion doit, il est vrai, paraître étrange après l'exorde qu'on a vu, et c'est le cas de se demander si une faculté aussi belle que l'a décrite M. Proudhon n'a pu produire une seule conséquence acceptable pour les honnêtes gens ; ou elle ne méritait pas de tels éloges, ou les fruits n'en sont pas aussi amers. Évidemment l'auteur du *Manuel du Spéculateur* a exagéré le mal, et pour corriger les erreurs de la fin de son livre, il suffit d'en relire le commencement. M. Oscar de Vallée ne va pas aussi loin : il distingue entre l'industrie et la spéculation proprement dite. Lorsqu'aux yeux du premier de ces écrivains moralistes toutes les entreprises commerciales et industrielles paraissent aujourd'hui frauduleuses et léonines, l'honorable avocat général à la cour de Paris veut bien reconnaître qu'il existe encore en France des hommes qui doivent leur richesse au travail sérieux et à l'économie ; il ne prend à partie que les joueurs, les agioteurs, les parvenus du hasard ou de l'intrigue, en un mot les manieurs d'argent. Seulement le nombre lui en paraît considérable ; et tel même que, par un sentiment religieux et monarchique imité du grand siècle, il n'a d'espoir, pour opposer une digue à ces débordements, que dans le prince et Dieu. Tandis que M. Proudhon dit de son temps : « C'est le règne Louis XV des bourgeois, » M. de Vallée souhaite qu'un nouveau Massillon recommence devant la *bourgeoisie* les sermons qu'il adressait aux *grands*, sans les avoir, hélas ! ni convaincus ni sauvés.

Bailleux de Marisy

Certes la bourgeoisie a commis des fautes, et elle les expie ; mais la guerre qu'on lui fait aujourd'hui est-elle juste, et lorsqu'on la menace des rigueurs d'en haut et des violences d'en bas, est-ce pour un fait qui lui soit propre et pour un crime dont elle seule doive assumer la responsabilité ? Les hautes classes, aussi bien que les classes inférieures, sont-elles restées plus étrangères à cette funeste *manie de l'argent* que les classes moyennes, dont il est de mise à présent de poursuivre la puissance abattue d'accusations rétrospectives et sans générosité ? Il y aurait à coup sûr beaucoup à dire à ce sujet, et ce serait le cas, à propos de la spéculation elle-même, comme autrefois pour les classifications politiques, de se demander où commence et où finit la bourgeoisie. Mais, sans essayer de rejeter soit sur les entraînements du pouvoir, soit sur les exigences des masses elles-mêmes, soit enfin sur l'avidité, imputée à tort aux classes moyennes seules, les excès et les dangers de la spéculation, il doit être bon, ce nous semble, d'étudier de plus près la nature et les éléments de la spéculation actuelle, de signaler le tort qu'elle a pu faire au travail réel, à ce que l'on doit appeler l'industrie, de comparer les progrès de l'une et de l'autre, et, — tout en déplorant les défaillances de l'esprit moderne et l'oubli où il laisse de généreux instincts et de nobles sentiments, — de rechercher si les préoccupations matérielles qui prédominent conduisent la société française aux catastrophes sanglantes, et la vouent aux expiations cruelles d'une prochaine révolution.

I. — De la spéculation

La spéculation, on l'a vu, est la tête ; le commerce, l'industrie sont les membres : commençons donc par examiner les progrès et les abus de la spéculation, *ab Jove principium*. Poursuivons-la, comme le fait M. Proudhon, dans ce qu'il appelle son *temple*, et qu'il serait mieux de proclamer son repaire, son antre, son foyer d'infection, depuis que, la faisant descendre du rang de *génie*, créateur du travail, il n'a plus vu en elle que « le *chancre de la production*, la peste de la société et des états, *corruptio optimi pessima*. » Entrons en un mot à la Bourse, essayons de calculer la somme des capitaux jetés dans ce gouffre, abandonnés en pâture à ce monstre de la spéculation ; comparons surtout, car c'est là le point, essentiel, le nombre de ses victimes à différentes époques, et voyons s'il est vrai, comme on l'a prétendu, que toute activité soit détournée du travail pour aboutir au jeu, tout capital enlevé aux entreprises industrielles pour être porté à la Bourse.

Pour faire à cet égard une comparaison utile, il n'est pas besoin de remonter à la régence et aux époques troublées dont le désordre n'a jamais constitué, qu'un mal passager ; il ne faut pas non plus prendre pour type un état social différent du régime moderne, lequel prévaudra, quoi qu'on fasse. En cherchant dans une période de vingt années un temps que n'agitaient ni les questions politiques, ni les brusques mouvements du commerce et de l'industrie, des années de vie régulière, en un mot, on ne pourra être accusé d'opposer au présent, si décrié, un tableau qui n'en fasse pas ressortir avec évidence les excès et les fautes. En 1835, 1836 et 1837, la question politique semblait résolue, le mouvement industriel n'avait pas encore pris des développements exagérés, la spéculation enfin semblait devoir être restreinte dans de justes limites. C'était le règne du cens territorial, de la propriété foncière, qui atteignait ses plus hauts prix, et personne à ce moment, pas même ceux qui s'en sont fait depuis une si cruelle arme de guerre, ne songeait à reprocher à la société de se précipiter en aveugle dans la voie des entreprises matérielles, et au pouvoir de la corrompre pour l'asservir. On prêchait tout le contraire alors, et on ne disait point que la Bourse était le cœur de la France. Entre ces années 1835, 1836, 1837 et les années 1855, 1856 et 1857, la différence pourtant est bien moins grande que l'on ne se l'imagine, et la spéculation n'a pas fait d'aussi rapides progrès qu'on le croit et qu'on le dit. À cet égard, les chiffres sont concluants.

Commençons par supposer que toutes les transactions opérées à la Bourse de Paris sont affaires de spéculation et de jeu, et comparons les deux époques. La compagnie des agents de change a introduit dans son organisation intérieure une disposition qui permet de faire cet examen avec toute exactitude. Lorsque deux agents ont arrêté entre eux une négociation à terme, ferme ou à prime (voilà bien la spéculation prise sur le fait), ils échangent le lendemain même un double engagement qui constate l'achat et la vente. Ces engagements sont revêtus d'un timbre, non du timbre de l'état, mais d'un timbre spécial émanant du syndicat des agents de change, et qui se paie 2 fr. 50 cent, pour tout marché de 1,500 fr. de rentes 3 pour 100, et 1 fr. 25 cent, pour tout marché de vingt-cinq actions de chemins de fer. Ces timbres sont régulièrement progressifs, de façon que des négociations de 15,000 fr. de rente 3 pour 100 ou de 22,500 fr. de rente 4 1/2 pour 100 se constatent par engagement portant un timbre de 25 fr., de même qu'on paie un timbre de 12 fr. 50 cent, pour un marché de deux cent cinquante actions de chemins de fer, etc.

Le produit entier de ces timbres, versé à la caisse syndicale, est réparti exactement entre les soixante agents de change de Paris, une fois les dépenses de cette caisse payées, et constitue une véritable subvention au profit de ceux qui font le moins d'affaires et au détriment des plus favorisés. Or le produit des timbres, qui constate le nombre des marchés à terme, constate aussi le nombre des négociations au comptant, car toutes les fois qu'un agent de change livre à un confrère une quantité de valeurs qui représente un capital de 5 à 10,000 fr., il constate cette livraison par un bordereau revêtu d'un timbre de 1 fr. Pour une livraison de 100,000 fr., ce timbre est de 10 fr., et ainsi de suite. Le timbre frappe donc toutes les affaires à tenue et au comptant, excepté celles de ces dernières dont le capital est inférieur à 5,000 fr., comme aussi toutes les affaires qui n'exigent pas le concours de deux agents. Si en effet un agent de change reçoit à la fois de deux clients différents l'ordre d'acheter et de vendre la même valeur, il fait ce qu'on appelle une *application* aussi bien au comptant qu'à terme, et il échappe ainsi à la dépense du timbre. Ces applications, dont on peut assez facilement évaluer l'importance, ne doivent rien changer aux résultats de la comparaison qu'il s'agit de faire ; elles sont en effet proportionnelles au nombre des transactions constatées par timbre à l'une comme à l'autre époque.

Si maintenant on multiplie par le nombre des agents, c'est-à-dire par 60, la répartition faite tous les six mois à chacun d'entre eux du produit total des timbres, il sera facile de savoir le chiffre exact des transactions opérées à la Bourse de Paris dans la période triennale de 1835, 1836, 1837, comme dans celle de 1855, 1856 et 1857. Cette répartition a donné à chaque agent de change en 1835 20,890 fr. 89.c, en 1836 17,265 fr., en 1837 15,879 fr. 80 c., soit pour six semestres 54,035 fr. 69 c. et, en moyenne pour chacun d'eux, un peu plus de 9,000 fr. Pour les soixante agents de change, c'est une répartition semestrielle de 540,000 fr., qui représente 216,000 timbres à 2 francs 50 cent., ou 432,000 timbres à 1 franc 25 cent., c'est-à-dire que, dans le premier cas, il y aurait eu 324 millions de rentes négociés en six mois à la Bourse de Paris, et dans le second 10,800,000 actions de chemins de fer ; mais alors on ne négociait pas de ces actions plus fructueuses pour les agents que la rente.

En 1855, le produit des timbres syndicaux s'élève à 35,717 fr. 70 c., sur lesquels la compagnie a retenu, pour être mis à la réserve, 12,757 fr. 70c, et il n'est pas inutile de mentionner ici que la compagnie des agents de change a formé sur le produit des timbres une réserve importante, qui a été portée de 3 à 6 millions, pour parer, vis-à-vis du public, aux manquements de l'un de ses membres, ou pour secourir ceux qui auraient besoin d'une aide momentanée. En 1856, la répartition s'est élevée à 42,000 fr., et pour le premier semestre de 1857 à 18,000 fr., soit, pour 2 années et demie, 95,717 fr. 50 c, et, pour chaque semestre en moyenne, un peu moins de 20,000 fr. Ce total de 20,000 fr. donne, pour l'ensemble de la compagnie, un produit semestriel de 1,200,000 fr., ou 480,000 timbres de 2 fr. 50 c, représentant une négociation semestrielle de 720 millions de rentes 3 pour 100, ou encore 960,000 timbres de 1 fr. 25 c. pour une négociation de 24 millions d'actions de chemins de fer.

Ces chiffres pourraient donner un aperçu à peu près exact du revenu, tant de fois controversé, des offices d'agents de change, et servir par conséquent à éclairer des questions importantes. Chaque négociation de 1,500 fr. de rente 3 pour 100 donne lieu à un courtage de 25 fr., et chaque négociation de 25 actions à un droit de un huitième pour 100 proportionnel au capital, lequel droit peut être estimé en moyenne à 1 fr. par action, quelques-unes valant 1,000 fr. et plus, d'autres beaucoup moins. Ce serait par conséquent pour la première période un revenu général, par semestre, sur 216,000 négociations de 1,500 fr. de rente, de 5,400,000 fr., ou 90,000 fr. en moyenne pour chaque agent, et pour la seconde période, en admettant que les négociations sur les chemins et sur la rente fussent en nombre à peu près égal, un produit de 6 millions sur les négociations de rentes, e,t de 12 millions sur les négociations d'actions de chemins de fer, c'est-à-dire que, pour l'année entière, chaque agent de change, dans la première période, aurait touché

Bailleux de Marisy

en moyenne 180,000 fr. de courtages, et dans la seconde 600,000 fr.

Si on ajoute à ces chiffres un excédant d'un sixième environ pour les *applications* assez considérables, surtout en ce qui concerne les reports, et pour les négociations au comptant, qui sont comprises, on l'a vu plus haut, dans le total du produit des timbres, et qui donnent lieu à un courtage un peu plus élevé que les affaires à terme, on arrivera, je crois, à un résultat très vrai du revenu brut des charges d'agent de change. En 1835, le titre de l'office se payait environ 700,000 fr. Aujourd'hui il se négocie à 2 millions, auxquels il faut ajouter, pour cautionnement au trésor, fonds commun de la chambre syndicale, fonds de caisse et de roulement, une somme qui ne peut être inférieure à 500,000 francs. C'est donc à un capital de 2 millions et demi que s'applique ce revenu brut moyen de 700,000 fr. environ ; mais on doit le réduire d'un tiers au moins, pour les frais d'exploitation, aujourd'hui considérables, les éventualités de perte, les remises enfin, qui ne sont pas une diminution de courtage en faveur des clients, ce qui constituerait un acte de concurrence déloyale, mais l'abandon d'une partie du bénéfice fait par l'agent au profit d'un intermédiaire qui lui amène des affaires, chose parfaitement licite et pratiquée dans toute espèce d'industrie. Il reste donc un produit moyen de 15 à 20 pour 100 sur le capital nécessaire à l'exploitation d'une charge d'agent de change. Les habiles dépassent de beaucoup cette moyenne, quelques-uns n'en atteignent que la moitié, le plus grand nombre y demeure.

Voilà donc établie et démontrée par des chiffres authentiques et formels la progression de la spéculation à Paris. En vingt années, elle a doublé. On ne serait pas toutefois arrivé à un résultat exact, si l'on omettait de mentionner les négociations de bourse faites par d'autres agents que les membres du parquet de Paris. À côté de la compagnie des agents de change, on voit à Paris même deux corps de courtiers effectuer un très grand nombre de transactions : ce sont les courtiers en rentes, qui composent la coulisse dite des rentes, et les courtiers en valeurs industrielles, qui forment la coulisse dite des valeurs. Je ne parle pas d'autres courtiers qui négocient des titres dont le nom n'est guère révélé au public que dans les procès judiciaires et les séances de la police correctionnelle, il faudrait descendre ainsi plusieurs étages de *coulisses* ; mais les deux premières espèces de courtiers dont il vient d'être question constituent des corporations puissantes, dont le rôle n'est pas sans utilité, et dont les principaux membres peuvent lutter d'intelligence des affaires et de crédit avec les dignitaires eux-mêmes du parquet. La coulisse dite des rentes existait seule à la première des deux époques que nous comparons ; la seconde est de création toute récente. Sans entrer dans des détails inutiles au but de cette étude, il suffira de dire, pour démontrer l'importance de ces deux corporations extralégales, que plusieurs de ces offices de courtiers sont appuyés sur une commandite de 1 million versé en fonds de roulement, que leur rôle est de négocier des valeurs ou de se prêter à des combinaisons négligées par le parquet, que leur utilité incontestable enfin naît de ce qu'en rendant les affaires plus faciles, ils permettent de se liquider plus aisément, et d'atténuer par des contre-parties les positions trop chargées. L'existence de ces coulisses, dont on voit l'équivalent près de toutes les grandes bourses de l'Europe, est une sauvegarde pour la spéculation aussi bien que la liquidation de quinzaine introduite après 1848 pour les négociations sur les actions.

Quoi qu'il en soit, de très nombreuses transactions sont opérées chaque jour par l'intermédiaire des courtiers, et s'il fallait en évaluer l'importance, on ne pourrait, je crois, la porter à moins du double des négociations directement faites par les agents de change ; mais quant à la question d'augmentation d'une période sur l'autre, il n'y a pas lieu de supposer qu'elle doive être résolue autrement pour la coulisse que pour le parquet lui-même.

Il en est tout autrement des marchés ouverts sur d'autres places que celle de Paris. Lille, Bordeaux, Toulouse, Marseille, Lyon surtout, ont établi des *parquets* qui sont le centre d'affaires considérables, et dont la création remonte à douze ans à peu près. D'après la répartition des *timbres* de la chambre syndicale de Lyon, on peut estimer, pour l'année 1857, le produit des opérations à terme à 5 millions de francs perçus par trente agents de change. Si l'on suppose que tous les autres marchés de France réunis arrivent à un chiffre égal, ce serait un accroissement considérable ; mais il convient de remarquer, d'autre part, qu'à côté de la spéculation française, la spéculation étrangère a pris sur chacune de nos places, à Lyon surtout et à Paris, un développement bien autrement considérable que celui de la spéculation française sur les places étrangères. Sur le plus grand marché de tous, celui de Londres, nos opérations sont presque nulles, tandis qu'après Londres, — on pourrait dire au même degré que Londres, — Paris est le centre où affluent tous les capitaux de l'ancien monde, où viennent se négocier tous les titres, allemands, espagnols, italiens, russes, etc. Il existe sous ce rapport un mouvement d'attraction vers Paris bien différent du mouvement de diffusion qui pourrait porter les *ordres* parisiens et français vers Berlin, Vienne, Francfort et Genève. Que l'on consulte, à cet égard, les correspondances de banque, les carnets des courtiers et des agents, et l'on se convaincra de l'importance, chaque jour plus grande depuis l'établissement de la télégraphie électrique, de la clientèle étrangère près des bourses françaises. Si l'on pouvait l'établir en chiffres, on reconnaîtrait assurément qu'elle dépasse de beaucoup l'accroissement introduit par la création des parquets de province, et l'on ne saurait, en conséquence, contester l'assertion émise que de 1835 à 1857 la spéculation française s'est élevée de 1 à 2 1/4, comme le produit semestriel des timbres de 9,000 à 20,000 fr.

À côté de ces chiffres, il ne serait pas sans intérêt de comparer le terrain sur lequel la spéculation s'est exercée à ces deux époques, et de donner le tableau des valeurs cotées à la Bourse. La disproportion est flagrante. En 1835, on voit figurer sur la cote officielle, en valeurs françaises, les rentes 3, 4 et 5 pour 100, les actions de la Banque, des canaux, les obligations de la ville de Paris et les actions de la caisse hypothécaire et de quelques compagnies d'assurances, — *rari nantes*. — En 1836 paraissent les actions du chemin de fer de Saint-Germain, et en 1837 celles des deux chemins de Versailles, du chemin de Montpellier à Cette et d'un chemin de Villers-Cotterets au Port-aux-Perches. — Il est vrai qu'à côté des valeurs françaises se trouvent un grand nombre de valeurs étrangères parmi lesquelles la Belgique, l'Espagne et le Portugal jouent un certain rôle, et l'on se rappelle encore les désastres de la spéculation entamée vers cette époque sur les banques de Belgique, les emprunts espagnols et les obligations miguélistes. Quelle différence pourtant entre les cotes d'il y a vingt ans et la cote d'aujourd'hui, où s'étale la nomenclature des actions et des obligations de chemins de fer français et étrangers ! Et s'il fallait juger du mérite de la spéculation par le nombre des objets auxquels elle s'applique, combien la spéculation en 1857 semblerait mieux justifiée ! A coup sûr, par rapport aux valeurs qui en sont la base, on doit trouver moins considérable le chiffre des transactions opérées à la bourse de Paris dans cette dernière période que pendant les trois années antérieures qui ont servi de terme de comparaison.

Mais ce n'est pas seulement à ce point de vue qu'il y a, si l'on peut parler ainsi, amélioration. La spéculation aujourd'hui est non-seulement assise sur des bases plus solides et plus larges, elle se compose en outre d'éléments plus sérieux et s'exerce avec plus d'intelligence au profit d'intérêts plus légitimes. Si les mots jeu et pari consacrés par le code ont été surtout applicables aux transactions de bourse, c'était assurément lorsque ces transactions, ayant pour objet des rentes françaises ou étrangères, constataient la plupart du temps pour unique résultat des *différences* entre la hausse et la baisse, et ne mettaient en jeu qu'une certaine habileté de combinaisons propres aux seuls spéculateurs, ou une audace assez aveugle à braver les hasards de la politique au dedans ou au dehors. Depuis la création de tant de titres industriels, la spéculation a pris plus *de corps*, elle s'exerce avec des *titres* et de *l'argent*, elle *lève* et *livre des actions*, elle procède moins par pari que par voie d'échange, elle fait surtout ce qu'on appelle des arbitrages, en un mot elle est de meilleur aloi. Ce n'est pas tout, on ne peut lui refuser d'autres vues et une plus grande utilité. À coup sûr, la spéculation, prisé à un point de vue général, vient en aide au crédit des états, dont elle soutient et facilite les emprunts ; mais ce secours n'est pas quotidien, et le crédit des états n'est pas tous les jours en question. Il en est autrement des entreprises particulières qui se créent, et, une fois créées, se modifient sans cesse, s'adressent plus souvent au crédit, et ne vivent que par lui. Ces entreprises, il faut, pour spéculer sur leurs titres, les étudier, les connaître, les comparer : on se prend alors de goût pour cette industrie, qui d'abord n'était que matière à jeu et à pari, on y participe soi-même, et de capitaliste on devient industriel. Cette marche n'est-elle point logique, inévitable, et serait-il possible aujourd'hui de séparer ces deux caractères l'un de l'autre ? Aussi peut-on dire que la spéculation est de nos jours bien autrement sérieuse et intelligente qu'il y a vingt ans. Avec ce double caractère, elle a perdu beaucoup de ses dangers, et, malgré quelques catastrophes particulières, dont le public s'est ému à juste

Bailleux de Marisy

titre, on reconnaît, et c'est là une assertion qui n'étonnera aucun de ceux qui suivent de près la marche des affaires de bourse, que les *sinistres*, comme on le dit, sont devenus fort rares sur cette mer si orageuse. .Depuis plusieurs années, la compagnie des agents de change n'a pas vu faillir un seul de ses membres, et les déconfitures de clients ; les disparitions de courtiers n'égalent ni en nombre ni en importance celles dont la période qui a suivi 1830 avait présenté le lamentable spectacle.

Pourquoi donc la spéculation s'est-elle attiré de nos jours de si dures et quelquefois de si justes réprimandes ? Pourquoi, malgré les limités encore étroites de ses progrès et la supériorité des éléments qui la constituent, a-t-on pu dire qu'elle envahissait tout, que la Bourse attirait à elle les forces vives, l'activité entière du pays, que la passion du jeu avait corrompu tous les cœurs, perverti tous les esprits, et que, pour la conquête d'un lucre instantané et illicite, de nombreuses classes de citoyens délaissaient les profits mesurés du travail honnête, dédaignaient l'agriculture et l'industrie ?

Une partie de ces observations et de ces reproches est fondée sur ce fait, que la spéculation s'est étendue beaucoup plus encore qu'elle ne s'est agrandie. Quand tout se *démocratise*, la spéculation a dû devenir, comme la rente elle-même, *démocratique* ; réservée autrefois à quelques capitalistes privilégiés, à quelques stratégistes de bourse, elle est aujourd'hui, non l'affaire exclusive, mais une des préoccupations de quiconque participe à la fortune mobilière du pays, et si l'importance de la spéculation ne s'est accrue que de 1 à 2, le nombre des spéculateurs s'est au moins élevé de 1 à 1,000 : d'où il est résulté par contre que, la part de chacun d'entre eux se trouvant bien plus faible, les risques plus répartis ont été moindres. Quant à la diminution du travail sérieux au profit du mouvement fébrile de la spéculation, quant à la déperdition des ressources vitales du pays dans les agitations stériles du jeu, les chiffres et les faits établiront au juste ce qu'il en faut croire. Pour le moment, il nous a suffi de circonscrire dans ses vraies limites ce qu'on appelle un fléau social, d'en constater les envahissements, d'en reconnaître le caractère et les éléments, d'en préciser surtout les progrès et par conséquent les dangers : qu'on en juge.

Peut-être serait-il opportun de traiter ici la question de la spéculation en général, et, sans se borner à l'humble comparaison

I. — De la spéculation

qui vient d'être établie, de viser à l'appréciation philosophique du rôle social qui appartient à ce que M. Proudhon appela le *génie de découverte*, et à ce que M. de Vallée nomme le triste mobile des *manieurs d'argent* ; mais ne risquerait-on pas de s'égarer à ce sujet dans une digression oiseuse ? Pour s'en prendre à la spéculation proprement dite, il faudrait la séparer tout à fait de l'industrie, et c'est là ce qui est impossible, la raison le dit, et les faits le démontrent : ce qui se passe sous nos yeux en fournit la preuve évidente, la spéculation naît d'abord, l'industrie vient ensuite, de même que sur le terrain brûlant de la Bourse tel ne vise qu'à la spéculation qui se trouve industriel à son insu d'abord, puis prend goût à ce nouveau rôle et y persiste, l'écrivain démocrate voit à cet égard plus juste que le magistrat lorsqu'il ne sépare point l'industrie de la spéculation et qu'il confond dans un même anathème ceux qui exécutent et ceux qui projettent les entreprises industrielles, dont il donne la liste : seulement il accuse l'industrie d'être spéculatrice, lorsqu'il serait plus juste de prétendre que la spéculation est devenue industrielle. On publie trop aussi, dans les reproches adressés aux contemporains, ceux que nos devanciers ont mérités. Que n'a-t-on pas dit de l'empressement scandaleux des souscripteurs de nos jours à concourir, par pur amour des *primes* éventuelles, aux emprunts, aux entreprises nouvelles dont le capital se trouvait réalisé, dépassa même notablement au premier jour de l'émission ! Sans remonter aux actions du Mississipi, on trouvera de bien curieux spectacles. En 1818, en France, après une émission de rentes qui avait jeté en deux ans plus de 100 millions sur la place, 14 millions de rentes furent adjugés après une souscription qui s'élevait à huit fois cette somme, soit 123 millions de rentes. En Belgique, après 1830, une souscription publique produisit vingt fois le chiffre demandé. Était-ce dans ces deux circonstances patriotisme pu spéculation ? En tout cas nos souscriptions actuelles n'ont jamais atteint cette proportion. *Nil sub sole novum.*

Dans l'exposé qu'on vient de lire, nous avons mis sur le compte de la spéculation proprement dite tous les mouvements d'affaires dont les bourses de France sont le théâtre. Il n'échappera à personne que nous avons voulu ainsi rendre la démonstration plus convaincante en l'exagérant. Qui ne sait combien toutes ces opérations d'achat et

Bailleux de Marisy

de vente, tous ces mouvements de hausse et de baisse sont nécessités pour satisfaire à des besoins industriels de premier ordre, pour fournir des aliments indispensables à une activité sérieuse ? L'un met en réserve le capital, instrument du travail, et achète des titres qui le représentent ; l'autre en vend et puise au réservoir commun pour subvenir aux frais d'une exploitation nouvelle. Quant à ceux, et le nombre en diminue de jour en jour, qui n'ont aucun intérêt réel dans les valeurs prises à peu près au hasard pour la matière de leurs jeux ou paris, qui ne reconnaît encore l'appui indirect qu'ils prêtent au travail par l'influence qu'ils exercent sur le crédit, soit en modérant ses emportements par la prévision des contre-coups qui en seront la suite, soit en combattant ses défaillances et en escomptant l'avenir ? A qui étudierait avec attention sa marche, l'histoire de la bourse de Paris dans les années qui ont suivi 1848 fournirait de curieux enseignements. Pour la sagacité de ses appréciations, pour le sens politique qui détermine ses fluctuations, on pourrait même dire que la Bourse de nos jours se substitue souvent à la tribune et à la presse, et c'est surtout à ce point de vue, en la considérant comme organe de l'opinion publique, qu'il serait juste d'appeler la Bourse un nouveau pouvoir dans l'état.

Si donc il est vrai que la spéculation et l'industrie soient unies par des liens indissolubles et exercent l'une sur l'autre une action réciproque, pour amnistier ou condamner la spéculation, il faudra examiner la situation de l'industrie. Or, la première s'étant accrue dans la proportion de 1 à 2, quels ont été les progrès de la seconde ? L'une, en se propageant, en s'étendant à un plus grand nombre, a amélioré ses éléments et sa nature ; qu'est devenu le caractère de l'autre pendant la même période ? Quels pas a donc réellement faits notre pays dans la voie de la décadence ou du progrès ? Quelle peut être la valeur des prédictions sinistres ou des menaces qui lui sont adressées de points si divers ? C'est ce qui reste à examiner, et il en résultera peut-être cette preuve, que là où l'industrie est si prospère, la spéculation n'est pas aussi coupable que le prétend M. de Vallée, et que l'industrie et la spéculation ne méritent pas toutes deux la flétrissure que M. Proudhon leur inflige.

I. — De la spéculation

II. — De l'industrie

Les progrès de l'industrie sont notoires, mais il est difficile de les préciser Chacun a le sentiment intime que la France a marché rapidement dans cette carrière, où l'Angleterre et la Belgique nous avaient si brillamment devancés, et les grandes expositions de ces dernières années à Londres et à Paris, ont été la confirmation éclatante de cet instinct patriotique ; mais on ne sait point exactement, et il est malaisé de connaître au juste les avantages obtenus dans une période d'un quart de siècle par exemple, la progression, en un mot, du capital industriel dans notre pays.

Pour entreprendre avec fruit une étude pareille, il faudrait posséder un premier point de comparaison qui, par malheur, fait défaut. À trois époques différentes, l'administration française a tenté de dresser une statistique industrielle qui pourrait offrir un des deux termes du rapport à établir entre le temps passé et le temps présent ; mais on ne saurait avoir beaucoup de confiance dans les résultats de cette statistique. En 1788, M. de Tolosan, inspecteur du commerce, a donné l'inventaire de quelques-unes des industries principales de la France ; en 1813, le corps législatif reçut en communication un exposé de la situation de l'empire, dont l'exécution ne répondit point à la pensée qui l'avait conçu ; enfin en 1831 M. Thiers, comme ministre du commerce, fit reprendre l'étude statistique du royaume, non plus par départements comme en 1812, mais par ordre de matières. Il fallut attendre jusqu'en 1845 pour obtenir un résultat auquel manquèrent encore les statistiques de l'industrie parisienne et celles du midi occidental de la France, et malgré ces lacunes le gouvernement fit publier ses recherches en 4 volumes in-4°, dont M. Moreau de Jonnès a, depuis l'exposition universelle, résumé le plan, le résultat et le but dans un ouvrage intitulé : *Statistique de l'Industrie de la France*.

Ce dernier tableau de la production industrielle du pays a, comme on vient de le voir, l'inconvénient de ne pouvoir être opposé à de premiers tableaux d'une exactitude reconnue, et par conséquent de ne pas fournir matière à une comparaison. Il est en outre incomplet lui-même, puisqu'il renferme encore deux lacunes considérables. Enfin il offre ce grand inconvénient, que, dressé à la suite, de

Bailleux de Marisy

recherches qui embrassent une longue suite d'années, il présente comme appartenant au jour où il a été publié des chiffres qui ont été obtenus dès le moment où le travail lui-même a été entrepris, et qui ont dû être notablement modifiés dans l'intervalle. À défaut de notions exactes, ce qu'on doit chercher dans cette intéressante publication, c'est une vue d'ensemble et une impression dont la vérité ne saurait être mise en doute.

Si l'on ne peut établir péremptoirement que la production de la laine par exemple, qui était de 9 fr. par habitant en 1788, s'est élevée à 13 fr. en 1850, que la production du coton a quadruplé, que la statistique des fers, dont le produit, suivant M. de Tolosan, montait à 69 millions de francs en 1788, et à 107 en 1812 d'après M. Chaptal, dépasse aujourd'hui 374 millions, et a sextuplé ; si l'on n'ose admettre comme rigoureusement vrai que, pour les produits minéraux en général, la proportion se soit élevée, de 7 fr. par habitant en 1788, à 16 fr. en 1812, à 24 fr. 50 c ; en 1850, et même à 33 fr., en y comprenant la production de Paris, et que, pour les produits végétaux, la progression soit de 12 fr. à 36 fr., tandis que les produits animaux dans cette même période auraient simplement doublé ; si, dis-je, on ne peut avoir une foi entière dans des données aussi exactement limitées, il n'en est pas moins permis de trouver dans ces calculs une démonstration du progrès prévu *à priori*.

Parmi ces industries d'ailleurs dont la *Statistique de la France* donne la nomenclature, il en est d'entièrement nouvelles, celle du sucre indigène, du raffinage, qui a quintuplé en valeur depuis soixante ans ; du coton, qui permet aujourd'hui à chaque habitant de disposer de 2 kilogrammes de coton, lorsqu'en 1816 un kilogramme suffisait à cinq personnes ; de la houille, dont Tolosan ne fait pas même mention ; du gaz, dont l'exploitation date d'hier, et est appelée à prendre de si grands développements ; des machines, si longtemps réservées à nos voisins ; des produits chimiques enfin, qui jouent dans la fabrication un rôle prépondérant. D'autres industries, si elles ne sont pas nouvelles, ont pris cependant une extension telle et s'appliquent à des usages si multipliés, qu'elles ont été renouvelées pour ainsi dire. Telle est entre autres l'industrie des fers, dont les progrès datent de trente ans en général, et de vingt ans à peine pour ce qui concerne l'établissement des chemins de fer. Dans un

II. — De l'industrie

espace de vingt-six ans, de 1819 à 1845, malgré les perturbations politiques, il résulte des compte-rendus des ingénieurs des mines que la production a triplé quant à la fonte et quadruplé quant au fer forgé. Depuis lors, la progression a dû être bien autrement rapide. Au total, et si, par rapport aux industries de la soie, du lin et du chanvre, le temps actuel ne présente guère sur l'ancien régime une amélioration qui étonne, il n'en est point de même pour ce qui concerne toutes les autres branches du travail industriel, et on peut constater ici un progrès immense. Pour terminer par un chiffre dont chacun appréciera à son gré la vraisemblance, Tolosan estimait, en 1788, la production industrielle de la France à 931 millions, M. de Montalivet, en 1812, à 1,400, Chaptal à 1,800 ; M. Moreau de Jonnès la porte en 1850 à 4 milliards 37 millions. Dans ce total, la valeur des matières premières absorbe plus de la moitié, les frais généraux et les bénéfices s'élèvent au quart, les salaires forment moins d'un cinquième.

Un tel aperçu, outre qu'il n'est peut-être pas concluant, a le désavantage de ne point se prêter à la comparaison que l'on voulait établir dans la première moitié de cette étude. Il embrasse en effet une période de temps plus longue que les vingt années choisies pour examiner les progrès de la spéculation, toutefois, comme ce sont, à coup sûr, les vingt années dernières qui ont vu naître les plus notables progrès dans l'industrie, on pourrait en tirer un argument de quelque valeur pour opposer la première période à la seconde, et montrer que l'industrie a marché d'un pas au moins égal à la spéculation. Il est permis néanmoins d'appuyer cette prétention par d'autres données plus positives, plus spéciales, et d'établir indirectement, de 1835 à 1856, les progrès de l'industrie française, dont il n'est pas possible de tracer le tableau avec précision.

Les chiffres du commerce extérieur apprennent exactement tout ce qui concerne l'industrie nationale dans ses rapports avec l'étranger, et cette moitié du problème peut se trouver aisément résolue. Il importe toutefois d'observer que, pour faire entre deux époques Une comparaison exacte, les prix des objets doivent être les mêmes ou rapportés à un type commun ; il faut en outre que les bases de la législation douanière n'aient pas varié. Pour obvier au premier inconvénient, l'administration publie les prix dits *officiels* et les prix *actuels*. Quant aux modifications douanières, il est bien

Bailleux de Marisy

difficile de déterminer quelle influence les réformes récemment introduites ont pu exercer sur les opérations commerciales avec l'étranger ; celles-ci se trouvant bien autrement dominées par les mouvements politiques et les variations des récoltes. Ces réserves une fois faites, voyons les chiffres.

En 1836, le commerce général s'élève à 1,867 millions dont 906 pour l'importation, et 961 pour l'exportation ; 1837 donne 1,566 millions, dont 808 à l'importation, 758 à l'exportation seulement. Le commerce général s'élève en 1855 à 3,979 millions, et en 1856 à 4,587 millions, chiffres officiels, dont 2,267 pour l'importation, et 2,320 pour l'exportation. Calculée d'après le taux des valeurs actuelles, la totalité de nos échanges représente une valeur de 5,399 millions. C'est, comme on le voit, entre les deux périodes une augmentation de 1 à 4 d'après les prix officiels ; de 1 à 5 aux prix actuels. Ces résultats ont leur éloquence, et doivent satisfaire tous ceux qui se préoccupent des progrès de notre industrie et de la balance de notre commerce extérieur. Dans nos relations avec le dehors, le mouvement est notoire, et l'on peut dire avec exactitude que non-seulement en vingt ans il a quadruplé, mais qu'il s'est surtout accru dans la dernière période de ces vingt années elles-mêmes.

Quant à ce qui concerne le mouvement des affaires à l'intérieur, ce qui intéresse plus particulièrement la prospérité du pays, on peut en déduire l'importance de diverses manières. Avant tout le chiffre des impôts et revenus indirects est le thermomètre qu'il importe de consulter : accusant un accroissement dans la consommation, il démontre un mouvement dans la production et un progrès dans la prospérité publique. Ces impôts, qui s'élevaient en chiffres ronds à 578 millions en 1835 ; 590 en 1836, et 616 en 1837, montent à 852 en 1854, 958 en 1855, atteignent 1 milliard 26 millions en 1856 sous l'empire de la loi du 4 juillet 1855, et s'élèveront à 1 milliard 59 millions en 1857. Pour rendre plus convaincante la preuve qui ressort de cet accroissement si considérable, il suffit de se rappeler à quel point il a coïncidé avec le réveil de l'activité industrielle, comprimée pendant les années qui ont suivi la révolution de février.

Le relevé des opérations de la Banque de France peut donner aussi une idée de cette activité et offrir un nouveau point de comparaison,

II. — De l'industrie

mais ai le développement des escomptes représente assez bien ce mouvement commercial, il ne faut point oublier que les affaires subissent des crises périodiques et passent par des alternatives de développement exagéré et de restrictions nécessaires dont le retour se constate invariablement. Lorsque les transactions se multiplient plus que de raison les escomptes s'accroissent pendant la brise, et comme signe du déclin de la crise même les escomptés diminuent Pour comparer deux périodes entre elles, il faut donc que ces périodes trouvent les affaires dans une situation semblable, et que l'une par exemple ; temps de spéculation hardie et non encore défavorable, ne corresponde pas à un de ces moments de liquidation désastreuse et forcée. On a remarqué que l'escompte suit une marche régulièrement ascensionnelle pendant un certain nombre d'années de six à sept ordinairement, pour arriver à un chiffre triplé ou quadruplé de celui qu'il avait au point de départ ; il reste ensuite stagnant pendant une année ou deus, atteint un chiffre énorme au moment de la crise, et retombe brusquement à son premier niveau. De 1832 à 1847 par exemple, l'escompte s'élève de 150 millions à 445 en 1835, reste stationnaire entre 700 millions et 1 milliard jusqu'en 1845, s'élève à 1,300 millions en 1847, année de crise, et retombe en 1849 à 256. De 1849 à 1857, on voit également l'escompte s'élever de 256 millions, avec la reprise des affaires, jusqu'à 900 millions en 1853, rester stationnaire de 1 milliard à 1,100 millions jusqu'en 1856, et atteindre alors à Paris seulement le chiffre de 1,817 millions lorsque la crise commence ; en 1857, le total, on peut le dire aura été plus élevé. M. Clément Inglar a relevé dans le *Journal des Économistes* le tableau de ces crises depuis l'origine de la Banque de France jusqu'à nos jours ; mais sous ces phases successives, qui modifient par une loi constante la situation de l'escompte, on peut suivre à la fois un autre mouvement ascensionnel qui justifie notre thèse. Ainsi, tandis que du point de départ au point d'arrivée la marche ascendante et descendante est à peu près la même dans les diverses périodes, le point de départ et le point d'arrivée diffèrent essentiellement. 1847, on s'en souvient, fut une année de crise, le maximum de l'escompte à Paris atteignit 1,300 millions ; en 1856, on voit l'escompte à 1,800 millions ; nul doute qu'il n'ait dépassé ce total en 1857.

Si à ces chiffres on ajoute ceux que fournissent les succursales de la Banque, la progression semblerait plus rapide encore : le mouvement, des escomptes dans les succursales n'est pas moindre de 2 milliards 1/2 en 1855, de près de 3 milliards en 1856 ; mais dans les périodes correspondantes, on ne pourrait point trouver de terme de comparaison, la création des succursales est en effet de date récente, et la distribution du prédit au commerce et à l'industrie se faisait alors par les soins des maisons de banque particulières dont on ne connaît pas les opérations.

Il faut enfin, — si l'on veut apprécier les facilités offertes à un développement industriel et commercial de plus en plus significatif et constater par cela même la marche qu'il a suivie, — considérer comme une sorte d'escompte les avances faites aux particuliers sur dépôts de rentes et valeurs, sur lingots et bons de monnaie. Quoique ces avances aient eu souvent pour résultat de favoriser certaines spéculations, elles n'ont point manqué de venir aussi en aide au commerce : en 1855, l'ensemble de ces avances montait à 903 millions, et en 1856 à 1,061. Vingt ans plus tôt, la Banque ne prêtait sur dépôts de canaux, de lingots et de bons d'or que 80 ou 100 millions seulement. À quel chiffre se réduiront ces escomptes et ces avances lorsque la crise aura cessé ? C'est ce qu'il est difficile de prévoir. La loi de réduction elle-même est-elle certaine, et l'escompte reviendra-t-il au chiffre de 1849 ? On ne peut le supposer. La situation de notre pays, si peu troublé par le contre-coup des catastrophes voisines, n'indique-t-elle pas que nous passons déjà par ces temps de réserve prudente et d'inactivité industrielle et commerciale nécessaires pour liquider les embarras du passé et les excès de la production ? Loin donc de voir celle-ci s'arrêter brusquement, et par conséquent le chiffre des avances tomber à un niveau bien inférieur, ne nous trouvons-nous pas, sinon pour le premier semestre de 1858, au moins pour le second, à la veille d'une reprise dont l'abaissement du taux de l'escompte, la situation du portefeuille et l'accroissement de l'encaisse métallique sont les présages à peu près certains ? S'il en était ainsi, si nous ne devions plus voir les opérations de la Banque revenir à un chiffre trop inférieur aux résultats actuels, on aurait alors la preuve rigoureuse d'un mouvement industriel et commercial hors de toute proportion avec le passé.

Quelques faits peuvent encore donner l'idée de ce mouvement

II. — De l'industrie

depuis vingt années. De 1836 à 1855, il résulte fies déclarations faites au greffes des tribunaux de commerce des départements qu'il s'est formé 14,723 sociétés en nom collectif, 2,786 sociétés en commandite ordinaire, 2,781 sociétés en commandite par actions. Pour les premières, le capital social n'a pas toujours été déclaré, et l'évaluation moyenne n'en saurait être exacte ; mais il a été néanmoins porté à 54,578 fr, soit pour l'ensemble plus de 800 millions. Les secondes ont été formées au capital moyen de 185,559 fr., soit pour le tout 516 millions ; enfin les troisièmes ont exigé un capital moyen de 948,573 fr., soit 2 milliards 638 millions.

À ces chiffres il faut ajouter ceux du département de la Seine, qui de 1836 à 1845 donnent 4,854 sociétés en nom collectif au capital de 231 millions, 918 sociétés en commandite ordinaire au capital de 130 millions, et 1,543 sociétés par actions au capital de 2 milliards 951 millions. De 1846 à 1855, les sociétés en nom collectif s'élèvent à 6,152, et leur capital à 233 millions ; les sociétés en commandite simple à 998, et leur capital à 228 millions ; enfin les sociétés par actions à 1,527, et leur capital à 4 milliards 438 millions. Dans ces deux périodes de dix années chacune, c'est la seconde qui présente les chiffres les plus hauts principalement sous le rapport du capital souscrit, et cela malgré le ralentissement des affaires qui a suivi 1848. Dans le rapport de M. Langlais au corps législatif sur le projet de loi relatif aux sociétés en commandite par actions, ce progrès ressortait avec une grande évidence : l'honorable député rappelait en effet que l'exposé des motifs du projet de loi de 1838 sur le même sujet portait à 1 milliard environ l'évaluation du capital des sociétés fondées pendant les douze années précédentes, et il faisait remarquer que du 1er juillet 1854 au 30 juin 1855 seulement, le *Journal général d'affiches* avait publié les actes de 457 sociétés en commandite, dont 225 par actions au capital de 968 millions.

Ce qui établirait surtout, et de la manière la plus convaincante l'importance des progrès industriels réalisés en France dans la période dont il s'agit, ce serait la comparaison du capital mobilier de 1836 avec celui de 1855. Malheureusement cette comparaison est bien difficile à faire : on peut toutefois, ce me semble, remarquer que beaucoup d'industries nouvelles, créées d'une époque à l'autre, sont représentées par un capital considérable, sans que les industries anciennes aient perdu de leur importance, au contraire. Ce fait

Bailleux de Marisy

constate donc non un déplacement de capitaux, mais la création d'un capital nouveau et un accroissement énorme de richesse mobilière et industrielle. Prenons pour exemple les chemins de fer : à l'exception de quelques petites lignes de Rhône et Loire, toutes les entreprises sont nouvelles. Or leur capital émis était en novembre 1851 de 1,406 millions actions et de 1,260 millions obligations, soit 2 milliards 600 millions, qui représentent au moins 4 milliards par suite de la prospérité de ces entreprises et de la plus-value des titres. Les sociétés de crédit ont un capital de 560 millions. Les compagnies d'assurances ont été créées avec 287 millions de capital, et leurs actions ont atteint un taux bien autrement important. Les compagnies de gaz, d'eaux de navigation, de mines, de glaces, de sucrerie, de métallurgie, de télégraphie les sociétés immobilières fondées dans ces dernières années, toutes les compagnies financières en un mot, représentent, avec celles qui datent d'avant 1836, un total de 13 millions d'actions en nombre et de 4 milliards de francs en valeur de souscription ; et de 3 milliards d'obligations en nombre avec une valeur de 1,432 millions de francs émis. Toutefois, dans ce total, dont 351 sociétés anonymes absorbent à elles seules près de 2 milliards, la part du passé est très minime, de telle sorte que les 7 milliards de francs *valeur d'émission* des actions et obligations de ces diverses sociétés en commandite doivent être considérés, en presque totalité, comme un accroissement réel de la richesse industrielle du pays. Il y aurait encore d'ailleurs, pour avoir une idée complète de cet accroissement, à tenir compte de toutes les entreprises particulières que l'industrie et le commerce ont tentées sous la forme de sociétés en nom collectif, et qui ne figurent point par conséquent dans les chiffrés précédents.

Il est impossible, on ne saurait trop le répéter de tirer de ces calculs une conclusion parfaitement nette. Si l'on a pu circonscrire dans des limites assez exactes le mouvement de la spéculation sur les valeurs de bourse,[1] on n'arrive pas à préciser de même les progrès du commerce et de l'industrie et à mettre en regard la marche parallèle de l'agiotage et du travail. Néanmoins il y a dans les résultats de l'activité industrielle en France depuis vingt années

1 Il est presque inutile de faire observer que les valeurs cotées à la Bourse ne sont pas le seul aliment de la spéculation : toutes les marchandises, les cotons, les blés, les esprits, etc., donnent lieu à des affaires de spéculation pure, à terme et à prime, aussi bien que la rente et les actions de chemins de fer.

II. — De l'industrie

de quoi rassurer ceux qui ne se paient ni de mots ni de sentiments préconçus, et à côté de la spéculation, dont les éléments tendent visiblement à s'améliorer, les affaires réelles se sont développées dans une proportion qu'on pourrait se permettre de croire non pas seulement égale, mais très supérieure, — les chiffres même en font loi.

Ce n'est pas tout, et il ne faudrait pas seulement tirer de ce rapprochement un argument contre les arrêts portés par ceux qui confondent le mouvement fécond des affaires avec l'agitation stérile et coupable du jeu proprement dit. Il serait bon encore de prouver que l'industrie, en développant une activité si grande, n'a pas outrepassé ses forces et s'est inspirée de plus en plus de principes vrais et de sentiments généreux. Quel est le caractère de l'industrie moderne ? On retourne souvent contre elle l'argument invoqué plus haut en faveur de la spéculation, et de même qu'on a pu dire à l'avantage de celle-ci qu'elle se confondait de plus en plus avec l'industrie, on se plaît souvent à condamner cette dernière comme une forme nouvelle de la spéculation proprement dite. Dans l'une et l'autre, c'est le même objet qui est en vue, le même but poursuivi, le même résultat d'un gain facile et prompt cherché et obtenu. Qu'il y ait du vrai dans ces reproches, que toutes les entreprises industrielles ne soient pas sérieusement méditées et pratiquées, on en saurait certes le nier. La situation des finances publiques dans une grande partie des états européens, le déficit des budgets, le nombre des emprunts ; émis non-seulement par suite d'événements politiques, mais encore pour suffire à la création de grands travaux entrepris peut-être avec trop de hâte, nous ont révélé déjà un malaise que de nouvelles complications pourraient changer en une situation des plus graves. Sans employer dans le même sens l'expression familière à M. Prudhon, il est évident que la *liquidation* n'est pas faite, et que l'Europe entière, états et particuliers, doit aviser au classement définitif de tous les titres qui représentent des entreprises plutôt en cours d'exécution qu'achevées, et donnant leurs résultats définitifs. D'autre part cependant, si l'industrie ne guérit pas, comme la lance d'Achille, les blessures qu'elle fait elle-même, ses progrès sont tels et peuvent s'étendre dans une proportion si indéfinie, que nous avons encore à parcourir une bien longue carrière avant d'arriver au terme où il

Bailleux de Marisy

convient de s'arrêter. Les chemins de fer, la télégraphie viennent à peine de laisser entrevoir les merveilles que leur diffusion doit produire ; les continents s'apprêtent à ouvrir, à travers leurs espaces, des passages nouveaux à l'audace des peuples anciens ; les empires jusqu'ici fermés voient tomber leurs murailles et les terres les plus lointaines semblant tressaillir à l'approche du génie de la civilisation moderne. Que de richesses promises, non pas à l'âpre convoitise des spéculateurs, mais au travail honnête de l'industrie ! Devant de telles perspectives un peu trop d'empressement est excusable ; d'ailleurs cette précipitation a su se contenir, chez nous, dans des limites plus étroites que partout ailleurs, et nous nous sommes signalés par des mérites qu'il serait injuste de méconnaître. Sans entrer à cet égard dans un examen qui exigerait de longs développements, il suffit, pour constater la prudence, l'équité et le libéralisme de l'industrie et du commerce français, de constater leur tenue dans la crise actuelle, l'amélioration incontestable du sort des ouvriers, les rapports qui deviennent de plus en plus étroits avec les nations voisines, enfin le concours que nous prêtons à l'étranger sous la forme d'entreprises de tout genre, parmi lesquelles l'établissement des chemins de fer tient le premier rang.

Je viens de dire le libéralisme de l'industrie, et ce mot amène à une considération par laquelle il convient de terminer. Non, la France moderne n'est pas livrée tout entière au culte de l'or pour l'or ; elle ne cherche pas seulement un lucre facile et immédiat dans les mouvements désordonnés du jeu et de la spéculation, elle s'agite pour un travail réel, et tente la réalisation d'affaires sérieuses, plus que cela, d'affaires propres à séduire l'imagination et à satisfaire les sentiments généreux. En effet, et c'est là ce qui caractérise son génie, ce qui éclate dans ses œuvres les plus importantes, le but positif qu'elle poursuit chez elle et loin d'elle est toujours un but de rénovation et de progrès, d'affranchissement matériel, si l'on peut ainsi parler, pour les classes nécessiteuses et les peuples moins favorisés des bienfaits de la civilisation ; il semble même, dans ces tentatives multiples, que le bénéfice soit pour elle d'un moindre prix que l'honneur d'avoir conçu une pensée neuve et de l'avoir mise à exécution. Cette disposition de l'industrie française est tellement notoire, qu'on pourrait reconnaître parmi nous une sorte de secte ou d'école de *philosophie* industrielle visant plus encore au renom qu'à la fortune et se parant plus de ses idées que de ses richesses. Assurément cela est bien, mais il faut plus encore. La spéculation sans l'industrie qui la justifie est coupable ; l'industrie seule, c'est-à-dire le culte des intérêts matériels sans la poursuite d'un idéal intellectuel et moral plus élevé, ne suffit pas à l'activité d'un grand peuple, et quel que soit le mérite éminent de l'industrie moderne, la France ne peut pas être et demeurer exclusivement industrielle. Il lui faut, et ce sont là les conseils que lui adresse l'honorable auteur des *Manieurs d'argent*, sans aller toutefois aussi loin que nous l'aurions souhaité, il lui faut un autre but à atteindre, un autre idéal à poursuivre. Plus heureuse que l'empire des césars, tombé de la prospérité matérielle la plus avancée dans la plus honteuse décadence, la civilisation moderne a pour remparts la religion du Christ et l'indépendance de la raison humaine, l'autorité et la liberté. Assouplir de plus en plus les âmes au joug nécessaire de la foi, assurer en même temps le libre et salutaire exercice de toutes les facultés humaines, parmi lesquelles les droits de la pensée doivent passer avant tous les autres, tel est l'idéal que nous ne devons jamais perdre de vue. En moment obscurci, il reprendra bientôt son prestige ; les préoccupations matérielles y ramènent elles-mêmes, on n'en saurait douter. Si l'industrie a besoin de sécurité, elle vit aussi d'indépendance, et on pourrait établir que de nos jours les pays où l'industrie est le plus avancée sont également ceux où la liberté civile et politique est le plus en honneur.

ISBN : 978-1540383464

Bailleux de Marisy